BAC DE FRANÇAIS
2024

ÉMILE ZOLA

Au Bonheur des Dames

Fiche de lecture

© Bac de français.

22 rue Gabrielle Josserand - 93500 Pantin.

ISBN 978-2-38509-361-7

Dépôt légal : Octobre 2023

Impression Books on Demand GmbH

In de Tarpen 42

22848 Norderstedt, Allemagne

SOMMAIRE

- Biographie de Zola.. 9

- Présentation du roman.. 15

- Résumé du roman.. 19

- Les raisons du succès... 27

- Les thèmes principaux.. 31

- Étude du mouvement littéraire................................. 35

- Dans la même collection... 39

BIOGRAPHIE DE ZOLA

Émile Zola est né le 2 avril 1840 à Paris. Son père est italien, il meurt d'une pneumonie en 1847. C'est donc par sa mère et sa grand-mère, Henriette, que l'auteur est élevé. Il restera toute sa vie très proche de ces deux figures maternelles.

Il fréquente le Collège d'Aix en Provence où il rencontre notamment Paul Cézanne qui lui transmet son goût pour la peinture. Ils resteront meilleurs amis pendant de nombreuses années jusqu'à la rupture totale suite à la publication de l'œuvre de Zola.

Très vite passionné par la littérature, il affirme vouloir devenir écrivain. Il quitte donc en 1858 la province d'Aix pour rejoindre sa mère à Paris afin de tenter sa chance et trouver le succès avec ses écrits.

Sa mère vit dans de modestes conditions suite au décès de son mari, cette situation fragilise Émile qui se constitue petit à petit un cercle d'amis majoritairement aixois.

L'année qui suit est une année d'échecs. En effet, en 1859, Zola rate à deux reprises son baccalauréat *ès sciences*. C'est aussi l'époque de la découverte de l'amour avec Berthe, une prostituée qu'il se met en tête de sauver pour une meilleure vie. Mais en vain, la dure réalité fait échouer ses plans. Cette expérience lui inspire son premier roman *La Confession de Claude* en 1860 – 1861.

Zola se positionne au cœur du mouvement impressionniste et côtoie de près des peintres majeurs tels que Sisley, Manet, Pissarro, Renoir et Jongkind. Cézanne fait aussi partie du tableau jusqu'à la fin de leur amitié. En effet, Cézanne rompt les liens en 1886, persuadé d'avoir été le modèle du personnage Claude Lantier dans L'œuvre de Zola, qui met en scène un peintre raté et sa chute.

Après deux mois de travail aux docks de la Douane en 1860, Zola décide de démissionner et entre finalement chez

Hachette comme commis dans une librairie en 1862. Il découvre alors le monde de l'édition et apprend les rouages du métier.

L'auteur rencontre sa future épouse deux ans plus tard. Éléonore Alexandrine Meley se fait appeler Gabrielle en hommage à sa fille qu'elle a du abandonner à l'assistance publique à l'âge de 17 ans.

Les choses s'accélèrent pour Zola qui multiplie les collaborations dans les journaux de 1863 à 1866. Il travaille le plus souvent sur des critiques littéraires et artistiques. Il profite de l'essor de la presse qui voit son lectorat grandir et se populariser. Écrire dans les journaux représente une opportunité, celle de se faire connaître du grand public et d'y exercer sa plume. Zola perce dans les journaux du Nord de la France. Il contribue entre autres à *L'Événement* et à *L'Illustration*.

Il publie une centaine de contes, tous publiés en feuilleton et devient une figure reconnue du journalisme polémique. Les Contes à Ninon reçoivent un accueil favorable en 1864.

Mais Zola traverse une période financière difficile. Il quitte Hachette pour entrer à La Tribune et à La Cloche en 1868 et s'en prend violemment au Second Empire. Ses talents de chroniqueur sont très appréciés.

Le roman *Thérèse Raquin* qui annonce le cycle des Rougon-Macquart est publié en 1867.

Après une longue période de journalisme, Zola va se consacrer pendant vingt-deux ans au Rougon-Macquart dont le sous-titre est *Histoire naturelle et sociale d'une famille sous le Second Empire*.

Il se marie enfin avec Alexandrine en 1870, date qui marque également le début du conflit franco-prussien. Zola n'y participe pas car il n'est pas mobilisable.

Son roman *La Curée* est censuré par le gouvernement en 1871 mais Zola poursuit sa lutte et croit en la République.

L'auteur se lie d'amitié avec les Frères Goncourt et rencontre Flaubert. C'est la période des grandes soirées de Médan, un cercle littéraire fait d'amitiés entre artistes comme Tourgeniev ou encore Alphonse Daudet.

Dans ses écrits et notamment dans son roman, *La Faute de l'Abbé Mouret* paru en 1875, Zola s'en prend à l'Église et à ses dogmes de chasteté. Tout au long de sa vie, l'auteur va défendre ce qui lui semble juste comme le Communard Jules Vallès ou bien entendu Dreyfus.

L'Assommoir est publié en 1877 et marque le début des finances positives pour Zola. Il est terrassé par la mort de sa mère et celle de Flaubert en 1880 et peine à remonter la pente.

C'est en 1880 que sa vie est bouleversée. Il tombe fou amoureux d'une lingère, Jeanne, avec qui il a deux enfants. Trois ans de relation secrète plus tard, Alexandrine découvre sa liaison mais concède à maintenir une relation de couple. Sa femme s'occupera même des enfants au décès de Zola, luttant pour qu'ils soient reconnus comme descendants.

Le Roman expérimental publié en 1880 affirme l'esthétique naturaliste de Zola. Véritable chef de file du mouvement, Zola voit l'écrivain comme un scientifique de la vie humaine dont il s'efforce d'observer, analyser les comportements liés à l'hérédité et à la famille. La fresque des Rougon-Macquart explore les méandres d'une famille touchée par la folie.

Zola reçoit la Légion d'Honneur le 13 juillet 1888 et entre à la Société des gens de Lettres en 1891.

S'ouvre ensuite une période de lutte incessante qui va marquer les esprits et entrer dans les livres d'Histoire. C'est bien entendu l'Affaire Dreyfus dans laquelle s'engage Zola à corps perdu. Dans la lettre publique « J'accuse », publié le 13 janvier 1898, Zola défend le soldat Dreyfus, expulsé de l'armée pour une faute qu'il n'a pas commise. L'affaire prend une ampleur considérable ; Zola est jugé pour diffamation publique et condamné à un an de prison. Il s'exile à Londres.

En 1890 parait *La Bête humaine*, roman qui plonge dans l'univers des chemins de fer de Paris.

Par la suite, Émile Zola commence une nouvelle série de romans intitulés *Les Quatre Évangiles* qu'il n'achèvera pas. L'écrivain se porte candidat à l'Académie Française à dix neuf reprises mais en vain, sa réputation de dreyfusard convaincu lui porte sans doute préjudice.

Zola meurt le 29 septembre 1902, intoxiqué par la combustion d'un feu de cheminée dans sa chambre à coucher. Sa femme Alexandrine lui survit. La thèse de l'assassinat n'a jamais été écartée au vue des nombreux ennemis de l'écrivain.

PRÉSENTATION DU ROMAN

Onzième volume de la fresque familiale des Rougon-Macquart, *Au Bonheur des Dames* est publié en feuilleton dans *Gil Blas* entre décembre 1882 et mars 1883 et aussitôt après en volume chez Charpentier. On y suit la progression de Denise Baudu, normande fraîchement débarquée à Paris qui se retrouve ouvrière au Bonheur des Dames, un grand magasin qui ruine les petites boutiques du secteur. Elle va gravir les échelons et y rencontrera l'amour en la personne du directeur, Octave Mouret, fils de François Mouret et de Marthe Rougon. À la différence des œuvres traditionnelles de Zola, celle-ci bénéficie d'une fin heureuse.

Le roman entraîne le lecteur dans l'univers des grands magasins, l'une des innovations du Second Empire qui a beaucoup fasciné l'auteur et influencé son projet de romans sociaux.

Le modèle du personnage d'Octave Mouret n'est autre qu'Aristide Boucicaut, co-fondateur du Bon Marché, l'un des premiers grands magasins de l'époque.

À noter que ce roman est la suite de *Pot-Bouille* dans lequel Mouret est devenu propriétaire de la boutique en épousant Caroline Deleuze veuve Hédouin, elle-même décédée peu après, des suites d'une chute sur le chantier du magasin.

RÉSUMÉ DU ROMAN

Chapitre I

Début octobre 1864, Denise Baudu, une normande de 20 ans, et ses jeunes frères Jean et Pépé, âgés de 16 et 5 ans, arrivent à Paris où ils retrouvent leur oncle. Commerçant, celui-ci est fortement concurrencé par Octave Mouret et son grand magasin, Au Bonheur des Dames, où Denise décide de se placer. Son oncle désapprouve son choix, mais le manque d'argent amplifie le besoin de travailler. Quant à Jean, il a une place d'apprenti chez un ivoirier.

Chapitre II

Denise se rend Au Bonheur des Dames pour y postuler. On découvre ainsi, en même temps qu'elle, l'univers du grand magasin. Celui-ci vit sur des produits d'appels à prix sacrifiés et possède un personnel nombreux.
Au Bonheur des Dames est un grand magasin dirigé par Octave Mouret, fils de François Mouret et de Marthe Rougon. Lorsque son épouse décède, il décide de reprendre la direction du grand commerce créé par le père de sa femme en 1822.

Chapitre III

Chez Madame Desforges, Mouret rencontre le baron Hartmann qui pourrait investir dans l'agrandissement de son magasin. Ce projet ferait du Bonheur le plus vaste magasin de Paris en couvrant pas moins de 5 rues. Quant aux femmes, elles sont toujours plus attirées par les tissus du grand magasin.

Chapitre IV

Parce qu'Octave Mouret l'a remarquée, Denise commence son travail au Bonheur le lundi 10 octobre. La jeune femme, malgré ses allures de paysanne, est engagée par Bourdoncle, l'adjoint d'Octave, pour travailler au rayon confections. Elle logera dans une chambre du magasin.

Ce 10 octobre est aussi le jour du lancement des nouveautés d'hiver. Denise peine cependant à gagner sa vie, subit les moqueries des autres employées et doit faire face aux frais de garde de Pépé et aux dépenses de Jean qui lui soutire de l'argent pour ses conquêtes amoureuses.

Chapitre V

Malgré ce qu'elle supporte, Denise décide de se ressaisir. Elle est convoquée par Mouret pour sa tenue, mais celui-ci ne peut que constater les progrès vestimentaires de la jeune femme. Seuls ses cheveux posent encore problème.

Denise s'intéresse aux histoires de cœur de son rayon : Colomban est amoureux de Clara, une vendeuse hautaine. Elle est aussi victime d'une rumeur puisqu'on croit que Jean est son amant et Pépé son enfant. Tandis que les autres vendeuses sont invitées par Madame Aurélie, Denise accepte l'invitation de Pauline pour une sortie à Joinville où elle croise Hutin et Deloche.

Chapitre VI

C'est la morte saison d'été et l'époque des renvois. Denise a peur, d'autant plus que Bourdoncle renvoie pour un rien, sous le couvert de Mouret. Une complicité naît entre ce dernier et la jeune femme, mais aucun des deux ne comprend ce qu'il se passe. Parce que son frère continue de lui soutirer de l'argent, Denise coud des nœuds donnés par Robineau, le second de soie. Elle est surprise par Jouve alors qu'elle discute avec Pauline, ce qui est interdit. Celui-ci en profite pour lui faire des avances et lorsqu'elle les refuse, il décide de se venger en expliquant à Bourdoncle qu'elle a un amant, et en prétendant que c'est Jean. Sans en avertir Mouret, Bourdoncle la renvoie.

Chapitre VII

Mouret a appris ce qu'il s'est passé et se dispute avec Bourdoncle. Il comprend également que Jean est bien le frère de Denise et non pas son amant. Il parle de la reprendre. À ce moment-là, les employés commencent à comprendre que Mouret a de l'affection pour Denise. Celle-ci prend une chambre chez Bourrat, un vendeur de parapluies opposé au Bonheur. Elle va de petits boulots en petits boulots jusqu'à ce que Bourrat finisse par l'embaucher, par charité.

En janvier, Denise part travailler chez Robineau qui a repris la boutique de Vinçard. Il va tenter de lutter contre la baisse des prix du Bonheur, mais sans succès et avec beaucoup de dégâts.

Chapitre VIII

Un an après son renvoi, Denise croise Mouret aux Tuileries. Celui-ci doit se rendre chez sa maîtresse, mais il décide finalement de faire une balade avec elle. Il comprend alors qu'il est amoureux de la jeune femme et lui demande de revenir au Bonheur.

En parallèle, Denise assiste aux difficultés de son oncle Baudu. Promise en mariage à Colomban, sa cousine comprend tristement que celui-ci est amoureux de Clara. Denise s'en mêle, mais elle apprend la vérité. Les mois passent et les faillites s'accumulent. Robineau est ruiné, Baudu vend sa maison de Rambouillet. Denise décide de retourner au Bonheur.

Chapitre IX

Au mois de Mars 1867, le Bonheur a pris toute son ampleur et s'est agrandit. C'est la période des nouveautés d'été et les clientes en sont folles. Mouret invente le satisfait ou remboursé. Denise récupère le poste de seconde à la confection suite au départ de Madame Frédéric. Pauline aiguise la jalousie de Denise en l'informant que Mouret a une maîtresse en la personne de Clara. Madame Desforges veut rencontrer sa rivale et tombe sur Denise. De son côté Mouret décide de séduire Denise en lui montrant sa recette de la journée, mais c'est un échec complet.

Chapitre X

Denise est beaucoup plus respectée grâce à son statut de seconde. Le premier jour de l'inventaire, en août 1867, elle reçoit une invitation à diner de Mouret. Elle connaît ce type d'invitation puisque Clara, l'ancienne maîtresse du gérant, y est déjà allée. La jeune femme refuse en expliquant à Mouret qu'elle ne veut pas être une simple aventure. Pendant ce temps, Baugé, qui a quitté le Bon Marché pour le Bonheur, se marie avec Pauline.

Chapitre XI

Madame Desforges, comprenant ce qui se passe grâce à Bouthemont, fait venir Denise chez elle pour une retouche et décide de l'insulter devant Mouret pour voir sa réaction. Celui-ci ne vient plus chez sa maîtresse que pour rencontrer Hartmann avec lequel il met en place un nouvel agrandissement du Bonheur. Mouret, voyant que sa maîtresse insulte Denise, fait cesser cela et console Denise. Il rompt avec Madame Desforges. Cette dernière est en colère et décide de fonder un magasin concurrent avec Bouthemont, les Quatre Saisons.

Chapitre XII

Bourdoncle excite la jalousie de Mouret en lui parlant des soi-disant amants de Denise. Hutin est nommé et Mouret le voyant faire une erreur, s'en prend violemment à lui. Ensuite, Hutin dénonce Denise qui est en train de bavarder avec Deloche alors que c'est interdit. Mouret la convoque. Une violente dispute éclate et Denise décide de quitter le Bonheur. Mouret tente de la retenir sans succès. Le lendemain, Mouret crée le rayon costume pour enfant et la nomme première. Denise devient populaire, d'autant plus que Mouret s'aperçoit que l'argent ne l'intéresse pas et décide de jouer la carte de l'amitié. Denise lui suggère de nombreuses idées.

Chapitre XIII

Novembre 1867 : Denise va rendre visite à sa cousine Geneviève qui est très malade. On apprend que Colomban est parti, probablement à la poursuite de Clara qui pourtant ne l'aime pas. Quelques temps plus tard, Geneviève décède. C'est tous les petits commerçants qui vont ensuite sombrer peu à peu. Robineau fait une tentative de suicide. La femme de Baudu décède et il décide d'arrêter sa lutte avec le Bonheur.

Jean annonce à sa sœur qu'il va se marier avec la fille du pâtissier, Thérèse. En janvier 1868, on apprend que Baudu est dans une maison de retraite et que le magasin de Bouthemont a été incendié.

Chapitre XIV

En février, c'est la grande inauguration du blanc suivie par l'exposition du blanc. Denise annonce sa démission, elle veut partir un mois à Valognes pour se reposer. Hutin est renvoyé, mais il part travailler aux Quatre Saisons reconstruit. Deloche est renvoyé, suivi de Bourdoncle qui jalousait la place de Mouret. À la fin de la première journée de lancement, la recette tant espérée du million de francs est atteinte. Apprenant le départ de la jeune femme, Mouret convoque Denise et dans un ultime élan finit par la demander en mariage. Cette dernière accepte.

LES RAISONS
DU SUCCÈS

Réfléchi depuis plusieurs années (dès 1868, Zola avait projeté de mettre en scène un « spéculateur sur le haut commerce »), le roman fut accueilli d'autant plus favorablement par la critique qu'il tranchait, par son optimisme et sa fin morale, avec les noirceurs de *L'Assommoir*, de *Nana* ou de *Pot-Bouille*. Mais la sortie l'année suivante de *La Joie de vivre*, au titre on ne peut plus antiphrastique (c'est l'un des livres les plus sombres de Zola), allait se charger de décevoir ceux qui avaient cru à une transformation de l'écrivain.

La plupart des critiques et des auteurs de l'époque félicitèrent cependant Zola pour ce roman sur le monde des grands magasins : « Après une première et rapide lecture, ce qui poigne c'est la force de reins qu'il faut pour bâtir un pareil édifice et j'ajouterai, la puissance incomparable de clarté que vous possédez, pour expliquer d'une façon aussi nette, aussi visible, les rouages d'un tel colosse », expliquait Huysmans.

Les critiques étaient unanimes quant au fait que Zola avait bien saisi cette vie étrange. D'autres comparent *Au Bonheur des Dames* à une machine à vapeur qui fonctionne parfaitement et accélère tout au long du roman. L'image des acheteuses et des femmes est félicitée. Seule la fin, laisse encore de nos jours les plus grands critiques perplexes.

Une particularité cependant intéressante, le livre est toujours d'actualité, ne serait-ce que par ses thèmes ; et c'est cette forme d'intemporalité qui rend le roman intrigant. Sans oublier que le succès du magasin se fait au détriment des petits commerces, ce qui laisse, malgré une fin optimiste, un arrière goût d'amertume pour les marchands les plus modestes. Sans être révolutionnaire, le roman a su capter la mutation d'une société. Les historiens en donneront une analyse simple : « L'apparition du grand magasin est un tel choc que Zola lui consacrera un roman, *Au Bonheur des Dames*. En créant Le Bon Marché, Aristide Boucicaut jette les bases du commerce moderne et de notre société de consommation. Et dans le même temps, il ouvre la boîte de Pandore qui mènera les femmes sur le long et douloureux chemin de leur émancipation. »

Quant à Octave Mouret, il reste fidèle aux personnages de la fresque sociale de Zola puisqu'il nourrit un rapport conflictuel avec les femmes et n'a de cesse de vouloir gagner de l'argent.

Sans avoir un succès similaire à celui de *Germinal*, *Au Bonheur des Dames* donne donc une image de visionnaire à Zola, dont les précisions des propos et du décor sont également saluées.

Les rédacteurs du journal *Gil Blas*, quant à eux, lui prédisaient un bel avenir : « Nous croyons que *Au Bonheur des Dames*, d'Émile Zola, est une œuvre appelée à un immense succès : nous pouvons affirmer dans tous les cas, que ce grand roman sera encore plus lu et plus discuté que tout ce que Zola a publié jusqu'à ce jour. »

LES THÈMES PRINCIPAUX

La naissance des grands magasins est bien entendu le thème majeur du roman. Pour celui-ci, Zola réunit près de quatre cents pages de notes préparatoires sur le milieu des grands magasins, en particulier Le Bon Marché : disposition des lieux, conditions de travail des employés, sociologie et mentalités des clientes. Tout cet univers révèle les nouvelles forces à l'œuvre dans la ville et l'économie, dans un climat de compétition sociale. Au sujet des employés de magasin, Zola écrit au chapitre 6 du roman : « Tous n'avaient qu'une idée fixe, déloger le camarade du dessus de lui pour monter d'un échelon, le manger s'il devenait un obstacle ; et cette lutte des appétits, cette poussée des uns sur les autres, était comme le bon fonctionnement même de la machine, ce qui allumait cette flambée du succès dont Paris s'étonnait. » Ces vendeurs, commis ou « calicots » qui passent de quatre cents à plus de trois mille durant les cinq ans où se déroule le roman, constituent une société spécifique dans la ville elle-même.

L'univers des grands magasins est associé au thème de la réussite sociale à travers Mouret, entrepreneur moderne, que Zola oppose symboliquement à Paul de Vallagnosc, fonctionnaire moyen diplômé et pessimiste sur la vie, qui n'a pas très bien réussi. Avec Denise Baudu et les clientes, Zola place la femme au centre du roman, comme une personne active et moderne.

L'économie et la société de « consommation » de l'époque ont donc indirectement leurs places. Le monde des grands magasins, à l'époque de Mouret est en plein essor. Malgré tout, le monde économique peut paraître instable et le personnage prend à plusieurs reprises des risques qui peuvent être dangereux pour la prospérité de son entreprise. Le chapitre III parle de « crise financière ». Le début du roman permet de dégager à la fois les atouts et les faiblesses du système mis au point par Mouret (qu'il s'agisse de ses différentes idées novatrices, du fait qu'il ait une maîtresse qui a des relations, de son pouvoir de séduction, du besoin d'agrandissement du magasin, des frais généraux…).

Enfin, le thème de l'amour ressort également avec les sentiments de Denise pour Octave Mouret, leur rapprochement et enfin le dénouement optimiste pour le couple, inhabituel chez Zola. Le lecteur assiste donc à cette histoire à priori impossible entre une ouvrière pauvre et le directeur aisé d'un grand magasin. L'optimisme qui s'en dégage peut refléter l'image des grands magasins et l'espoir de développement de ce type de structure. Poussé par sa réussite professionnelle, Octave Mouret devient donc un des rares personnages de Zola qui bénéficie d'une histoire heureuse, d'autant plus qu'il a trouvé l'amour.

ÉTUDE DU MOUVEMENT LITTÉRAIRE

Le naturalisme est un mouvement littéraire de la fin du Second Empire (1870). Il est né de l'influence des sciences, de la médecine expérimentale et des débuts de la psychiatrie. Il s'agit d'une théorie selon laquelle la littérature représente la société et les humains en se servant des connaissances et des méthodes des sciences humaines : refus d'interprétation hâtive non fondée, observation et analyse sur le terrain, exactitude des propos. Le romancier met en place dans ses romans les hérédités et les catégories sociales des personnages.

La série des « Rougon-Macquart » est le parfait exemple de cette démarche qui vise à expliquer les comportements sociaux par l'hérédité. La littérature ne doit donc pas rechercher l'esthétique. Le naturalisme renforce certains caractères du réalisme.

Émile Zola (1840-1902) est le principal théoricien de l'esprit naturaliste. D'autres auteurs rejoindront le mouvement parmi lesquels Guy de Maupassant (1850-1893) avec des romans tels que *Une vie* (1883) ou *Bel-Ami* (1885) ou encore Joris-Karl Huysmans (1848-1907) avec *Les Sœurs Vatard* (1879) ou *À vau-l'eau* (1882).

Pendant longtemps le naturalisme se confond avec le réalisme. Il est donc important de constater les différences entre ces deux mouvements. Le réalisme dépeint principalement les bourgeois. Le naturalisme, quant à lui, en plus d'être guidé par les sciences, met en évidence les classes pauvres.

C'est dans la préface de *Thérèse Raquin*, son premier roman, que Zola expose sa théorie. Par la suite, dans le *Roman expérimental* (1880), Zola exprime les grands principes du mouvement. Dans *Le Naturalisme au théâtre*, Zola explique également que le narrateur est absent, il laisse vivre ses personnages.

L'art du XIXe siècle a comme objectif un désir d'établir le progrès de l'humanité qui va remplacer la religion en édifiant l'État moderne (dans *Le Naturalisme Français*, 1969). Il s'agit pour Sainte-Beuve, son précurseur, d'affranchir dès 1863, l'humanité de ses illusions.

Ce principe sera récupéré par Zola et modifié sous l'influence de Claude Bernard et de sa médecine.

Et comme pour beaucoup de courants littéraires, il y a eu des détracteurs, notamment les réalistes fortement mécontents de ce mouvement paradoxal selon eux. Cependant, Zola n'hésitera pas à défendre ses théories : « J'en suis donc parvenu à ce point : le roman expérimental est une conséquence de l'évolution scientifique du siècle ; il continue et complète la physiologie, qui elle-même s'appuie sur la chimie et la physique ; il substitue à l'étude de l'homme abstrait, de l'homme métaphysique, l'étude de l'homme naturel, soumis aux lois physico-chimiques et déterminé par les influences du milieu ; il est en un mot la littérature de notre âge scientifique, comme la littérature classique et romantique a correspondu à un âge de scolastique et de théologie. » (Émile Zola, *Le Roman Expérimental*)

DANS LA MÊME COLLECTION
(par ordre alphabétique)

- **Anonyme**, *La Farce de Maître Pathelin*
- **Anouilh**, *Antigone*
- **Aragon**, *Aurélien*
- **Aragon**, *Le Paysan de Paris*
- **Austen**, *Raison et Sentiments*
- **Balzac**, *Illusions perdues*
- **Balzac**, *La Femme de trente ans*
- **Balzac**, *Le Colonel Chabert*
- **Balzac**, *Le Lys dans la vallée*
- **Balzac**, *Le Père Goriot*
- **Barbey d'Aurevilly**, *L'Ensorcelée*
- **Barbey d'Aurevilly**, *Les Diaboliques*
- **Bataille**, *Ma mère*
- **Baudelaire**, *Les Fleurs du Mal*
- **Baudelaire**, *Petits poèmes en prose*
- **Beaumarchais**, *Le Barbier de Séville*
- **Beaumarchais**, *Le Mariage de Figaro*
- **Beauvoir**, *Mémoires d'une jeune fille rangée*
- **Beckett**, *En attendant Godot*
- **Beckett**, *Fin de partie*
- **Brecht**, *La Noce*
- **Brecht**, *La Résistible ascension d'Arturo Ui*
- **Brecht**, *Mère Courage et ses enfants*
- **Breton**, *Nadja*
- **Brontë**, *Jane Eyre*
- **Camus**, *L'Étranger*
- **Carroll**, *Alice au pays des merveilles*
- **Céline**, *Mort à crédit*

- **Céline**, *Voyage au bout de la nuit*
- **Chateaubriand**, *Atala*
- **Chateaubriand**, *René*
- **Chrétien de Troyes**, *Perceval ou le conte du Graal*
- **Chrétien de Troyes**, *Yvain ou le Chevalier au lion*
- **Cocteau**, *La Machine infernale*
- **Cocteau**, *Les Enfants terribles*
- **Colette**, *Le Blé en herbe*
- **Corneille**, *Le Cid*
- **Crébillon fils**, *Les Égarements du cœur et de l'esprit*
- **Defoe**, *Robinson Crusoé*
- **Dickens**, *Oliver Twist*
- **Du Bellay**, *Les Regrets*
- **Dumas**, *Henri III et sa cour*
- **Duras**, *L'Amant*
- **Duras**, *La Pluie d'été*
- **Duras**, *Un barrage contre le Pacifique*
- **Flaubert**, *Bouvard et Pécuchet*
- **Flaubert**, *L'Éducation sentimentale*
- **Flaubert**, *Madame Bovary*
- **Flaubert**, *Salammbô*
- **Gary**, *La Vie devant soi*
- **Giraudoux**, *Électre*
- **Giraudoux**, *La Guerre de Troie n'aura pas lieu*
- **Gogol**, *Le Mariage*
- **Homère**, *L'Odyssée*
- **Hugo**, *Hernani*
- **Hugo**, *Les Misérables*
- **Hugo**, *Notre-Dame de Paris*
- **Huxley**, *Le Meilleur des mondes*
- **Jaccottet**, *À la lumière d'hiver*
- **James**, *Une vie à Londres*
- **Jarry**, *Ubu roi*

- **Kafka**, *La Métamorphose*
- **Kerouac**, *Sur la route*
- **Kessel**, *Le Lion*
- **La Fayette**, *La Princesse de Clèves*
- **Le Clézio**, *Mondo et autres histoires*
- **Levi**, *Si c'est un homme*
- **London**, *Croc-Blanc*
- **London**, *L'Appel de la forêt*
- **Maupassant**, *Boule de suif*
- **Maupassant**, *Le Horla*
- **Maupassant**, *Une vie*
- **Molière**, *Amphitryon*
- **Molière**, *Dom Juan*
- **Molière**, *L'Avare*
- **Molière**, *Le Malade imaginaire*
- **Molière**, *Le Tartuffe*
- **Molière**, *Les Fourberies de Scapin*
- **Musset**, *Les Caprices de Marianne*
- **Musset**, *Lorenzaccio*
- **Musset**, *On ne badine pas avec l'amour*
- **Perec**, *La Disparition*
- **Perec**, *Les Choses*
- **Perrault**, *Contes*
- **Prévert**, *Paroles*
- **Prévost**, *Manon Lescaut*
- **Proust**, *À l'ombre des jeunes filles en fleurs*
- **Proust**, *Albertine disparue*
- **Proust**, *Du côté de chez Swann*
- **Proust**, *Le Côté de Guermantes*
- **Proust**, *Le Temps retrouvé*
- **Proust**, *Sodome et Gomorrhe*
- **Proust**, *Un amour de Swann*
- **Queneau**, *Exercices de style*

- **Quignard**, *Tous les matins du monde*
- **Rabelais**, *Gargantua*
- **Rabelais**, *Pantagruel*
- **Racine**, *Andromaque*
- **Racine**, *Bérénice*
- **Racine**, *Britannicus*
- **Racine**, *Phèdre*
- **Renard**, *Poil de carotte*
- **Rimbaud**, *Une saison en enfer*
- **Sagan**, *Bonjour tristesse*
- **Saint-Exupéry**, *Le Petit Prince*
- **Sarraute**, *Enfance*
- **Sarraute**, *Tropismes*
- **Sartre**, *Huis clos*
- **Sartre**, *La Nausée*
- **Senghor**, *La Belle histoire de Leuk-le-lièvre*
- **Shakespeare**, *Roméo et Juliette*
- **Steinbeck**, *Les Raisins de la colère*
- **Stendhal**, *La Chartreuse de Parme*
- **Stendhal**, *Le Rouge et le Noir*
- **Verlaine**, *Romances sans paroles*
- **Verne**, *Une ville flottante*
- **Verne**, *Voyage au centre de la Terre*
- **Vian**, *J'irai cracher sur vos tombes*
- **Vian**, *L'Arrache-cœur*
- **Vian**, *L'Écume des jours*
- **Voltaire**, *Candide*
- **Voltaire**, *Micromégas*
- **Voltaire**, *Zadig*
- **Zola**, *Germinal*
- **Zola**, *L'Argent*
- **Zola**, *L'Assommoir*
- **Zola**, *La Bête humaine*

Milton Keynes UK
Ingram Content Group UK Ltd.
UKHW040726161023
430697UK00005B/237